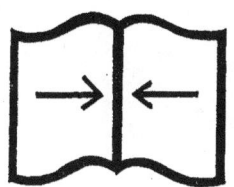

RELIURE SERREE
Absence de marges
intérieures

CONTRASTE IRREGULIER

Contraste insuffisant
NF Z 43-120-14

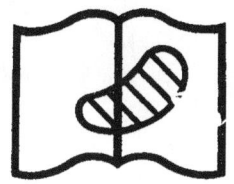

ILLISIBILITE PARTIELLE

Original illisible
NF Z 43-120-10

DÉBUT

Original en couleur
NF Z 43-120-8

Annales de la Faculté des Lettres de Bordeaux
et des Universités du Midi

QUATRIÈME SÉRIE

Commune aux Universités d'Aix, Bordeaux, Montpellier, Toulouse

XXIIe ANNÉE

BULLETIN HISPANIQUE

Paraissant tous les trois mois

TOME II

N° 1

Janvier-Mars 1900

Alfred MOREL-FATIO

La Lettre du roi Sanche IV
à Alonso Perez de Guzman

Bordeaux :

FERET & FILS, ÉDITEURS, 15, COURS DE L'INTENDANCE

Lyon : Henri GEORG, 36-42, passage de l'Hôtel-Dieu
Marseille : PAUL RUAT, 22, rue Noailles ; Montpellier : C. COULET, 5, Grand'Rue
Toulouse : ÉDOUARD PRIVAT, 45, rue des Tourneurs
Madrid : MURILLO, Alcalá, 7

Paris :

Albert FONTEMOING, 4, rue Le Goff
ROGER et CHERNOVIZ, 7, rue des Grands-Augustins

1900

Annales de la Faculté des Lettres de Bordeaux

Fondées en 1879

Par MM. Louis LIARD et Auguste COUAT

QUATRIÈME SÉRIE

PUBLIÉE PAR

Les Professeurs des Facultés des Lettres d'Aix, Bordeaux, Montpellier, Toulouse

ET SUBVENTIONNÉE PAR

Le Ministère de l'Instruction publique
Le Conseil Général de la Gironde
Le Conseil Municipal de Bordeaux
La Société des Amis de l'Université de Bordeaux
Le Conseil de l'Université de Bordeaux
Le Conseil de l'Université de Toulouse

I. REVUE DES ÉTUDES ANCIENNES

ABONNEMENTS

France .... F. 10 »
Union postale .... 12 »
Un fascicule séparé .... 3 »

II. REVUE DES LETTRES FRANÇAISES ET ÉTRANGÈRES

ABONNEMENTS

France .... F. 10 »
Union postale .... 12 »
Un fascicule séparé .... 3 »

III. BULLETIN HISPANIQUE

ABONNEMENTS

Espagne et France .... F. 10 »
Union postale .... 12 »
Un fascicule séparé .... 3 »

La première livraison (1-2) du BULLETIN HISPANIQUE de 1899 est épuisée. Ceux qui posséderaient isolément ce numéro double sont priés de vouloir bien en avertir l'éditeur.

Aux abonnés d'une section qui veulent également s'abonner à une autre ou aux deux autres il est fait une réduction de 25 % sur le prix fort total.

Bordeaux. — Impr. G. Gounouilhou, rue Guiraude, 11.

BULLETIN HISPANIQUE

SOMMAIRE DE LA 1re LIVRAISON

P. Paris, *Satyre dansant, bronze du Musée archéologique national de Madrid*	1
P. Ibarra, *Découvertes archéologiques à Elche*	7
L. Tramoyeres Blasco, *Découvertes archéologiques à Valence*	10
A. Engel, *Nouvelles archéologiques*	14
A. Morel-Fatio, *La lettre du roi Sanche IV à Alonso Perez de Guzman, sur la défense de Tarifa (2 janvier 1295)*	15
H. Léonardon, *Une dépêche diplomatique relative à des tableaux acquis en Angleterre pour Philippe IV*	25
J. Apraiz, *¿Dónde fué cautivado Cervantes?*	35

BIBLIOGRAPHIE

Carlos Cañal, *San Isidoro*, 1897 (G. Cirot)	38
J. Garrett Underhill, *Spanish Literature in the England of the Tudors*, 1899 (A. Morel-Fatio)	41
F. Wadleigh Chandler, *Romances of Roguery. Part I. The picaresque Novel in Spain*, 1899 (A. Morel-Fatio et E. Mérimée)	43 et 49
Drames religieux de Calderon. Traduits par Léo Rouanet, 1898 (A. M.-F.)	43
E. Cotarelo y Mori, *Don Ramon de la Cruz y sus obras*, 1899 (A. M.-F.)	46
R. Altamira y Crevea, *Historia de España y de la civilización española*, t. I, 1900 (A. M.-F.)	46
J. E. Serrano y Morales, *Reseña histórica de las imprentas que han existido en Valencia desde la introducción del arte tipográfico en España hasta el año 1868*, 1898-99 (A. M.-F.)	47
C. Seco, *¿Quién fué D. Francisco de Quevedo?* 1899 (E. M.)	48
B. Croce, *I trattatisti italiani del « Concettismo » e Baltasar Gracian*, Napoli, 1899 (E. M.)	49
K. Baedeker, *Espagne et Portugal, Manuel du Voyageur* (J. L.)	51
Sommaires des Revues consacrées aux pays de langue castillane, catalane ou portugaise	52
Articles des Revues françaises ou étrangères concernant les pays de langue castillane, catalane ou portugaise	60
Ouvrages offerts à la Société de correspondance hispanique (suite)	62
Petite chronique	65
Silhouettes contemporaines: Castelar (Boris de Tannenberg)	66

GRAVURES

Inscription de Valence	11
Statue de Valence II et III	12

PLANCHES

I. *Satyre dansant du Musée de Madrid*.
II. *Mosaïque romaine d'Elche*.

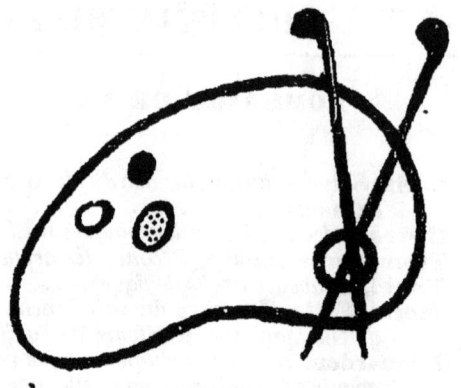

FIN

Original en couleur
NF Z 43-120-8

LA LETTRE DU ROI SANCHE IV

A

ALONSO PEREZ DE GUZMAN

SUR LA DÉFENSE DE TARIFA (2 JANVIER 1295)

A. MOREL-FATIO.

LA LETTRE DU ROI SANCHE IV

A

ALONSO PEREZ DE GUZMAN

SUR LA DÉFENSE DE TARIFA (2 JANVIER 1295)

Parmi les épisodes glorieux de l'histoire castillane du moyen âge, je n'en connais guère de plus justement célèbre que la défense de Tarifa par Alonso Perez de Guzman, en 1294, et l'abnégation sublime du valeureux chevalier qui laissa égorger son fils sous ses yeux plutôt que de rendre la ville et de trahir sa foi. Et ce grand exemple de loyalisme se grava d'autant plus profondément dans la mémoire du peuple espagnol qu'il fut accompagné de circonstances capables de frapper l'imagination, par exemple de ce geste héroïque de Guzman, lançant du haut des murailles le poignard qui devait servir à tuer son premier né. La chronique du roi Sanche IV, rédigée dans le cours du xiv° siècle, raconte l'incident en quelques phrases; elle dit comment l'infant Don Juan, allié des Musulmans, amena sous les murs de la ville le fils d'Alonso Perez, menaçant le père de tuer son enfant s'il ne rendait pas la place, et comment Guzman lança son couteau, disant qu'il aimait mieux qu'on lui tuât ce fils et cinq autres, s'il les avait, que de livrer ce dont il avait fait hommage à son seigneur :

Y el infante don Juan tenia un moço pequeño, hijo deste don Alonso Perez, y embio dezir a este don Alonso Perez que le diesse la villa, si non que le mataria el su hijo que el tenia. Y don Alonso Perez le dixo que la villa que la tenia por el rey y que non gela daria, que quanto por la muerte de su hijo, que el le daria el cuchillo con que le matasse; y lançoles de encima del adarve un cuchillo y dixo que antes queria que le matassen aquel hijo y otros cinco, si los touiesse, que non darie la villa del rey su señor de que le hiziera omenaje. Y el infante don Juan con saña mando matar el hijo ante el, y con todo esto nunca pudo tomar la villa[1].

Bientôt l'on ne se contenta plus du simple récit de cette action superbe et qui paraît avérée, puisque, sans parler du témoignage des

---

1. *Chronica del muy noble rey don Sancho el bravo*, Valladolid, 1554, ch. IX, ou bien les *Crónicas de los reyes de Castilla*, éd. Rivadeneyra, t. I, p. 89, où l'orthographe a été remaniée de la façon la plus inintelligente.

A. MOREL-FATIO.

historiens arabes, des documents diplomatiques contemporains, je le ferai voir tout à l'heure, la mentionnent en des termes analogues à ceux de la chronique; on voulut la rendre encore plus belle, on la para d'autres détails que l'on jugea, à tort, aussi dramatiques que l'histoire du couteau. Ainsi, l'on ajouta qu'après avoir jeté l'arme, Alonso Perez se retira dans le donjon de la forteresse, se mit à table, et que là, surpris par les clameurs de ceux qui des murailles avaient vu égorger son fils, il demanda : « Qu'est-ce? — Oh, seigneur, ils ont égorgé votre fils! » A quoi Guzman répondit : « Vous m'avez fait peur ; j'ai cru que les ennemis entraient dans la place. » Et sans manifester d'autre trouble, il continua son repas [1]... Embellissement fort inutile, mais qui répond bien à ce besoin d'amplifier et de faire plus beau que nature, qu'on retrouve chez toutes les nations, sinon au même degré que dans les provinces méridionales de l'Espagne. Au surplus, ces additions plus ou moins heureuses au récit primitif ne nous occupent pas; je ne les ai rappelées que pour faire voir quel puissant intérêt s'attachait à l'action de Guzman plusieurs siècles après son accomplissement, et combien de personnes ont pu trouver leur plaisir à composer des variations sur le thème de la chronique. Mais la défense de Tarifa et l'incident du couteau, sans ces développements que je viens de signaler, n'ont pas été narrés seulement dans la chronique; nous les trouvons aussi dans une pièce supposée contemporaine des événements et qui fait l'objet de cette dissertation. Cette pièce est une lettre du roi Sanche IV à Alonso Perez qui prône la prouesse du bon chevalier et lui décerne le surnom de *Bueno*, que porta dès la fin du XIIIe siècle la branche de ces Guzman qui, par la suite, devinrent comtes de Niebla et ducs de Medina Sidonia.

Le premier historien auquel nous devons la connaissance de cette fameuse lettre, si souvent citée et imprimée, semble être Pedro Barrantes Maldonado, auteur des *Ilustraciones de la casa de Niebla*, ouvrage généalogique compilé vers 1540, à la demande de D. Juan Alonso Perez de Guzman, sixième duc de Medina Sidonia, qui ouvrit à Barrantes les archives de sa maison. « Vi todos los privilegios, testamentos, cartas de doctes y finalmente todas las escrituras y memoriales antiguos y modernos de la casa de Niebla, y de lo uno y de lo otro comencé a escrevir esta hystoria, donde claramente se verá la grande antiguedad del linage de los Guzmanes, » dit Barrantes dans l'introduction de son livre. Très documentée, en effet, et fondée en général sur les pièces d'archives qu'il cite, son histoire des Guzman comtes de Niebla n'en a pas moins accueilli bon nombre de fables, — comme celle du combat d'Alonso Perez avec le dragon au Maroc — et la façon dont il en parle en les mélant à son récit ne donne pas

---

1. *Memorial histórico español*, t. IX, p. 169, et cf. Mariana, *Historia de España*, livre XIV, ch. 16.

une très haute idée de sa critique. On peut se demander aussi jusqu'où allait sa connaissance des documents anciens, et si, par exemple, il était en état de distinguer un privilège ou une lettre originale du xiii° siècle de pièces d'une date postérieure. Quoi qu'il en soit de sa compétence paléographique et diplomatique, nous pouvons, provisoirement, croire à sa bonne foi quand il nous dit de la lettre de Sanche qu'il la vit parmi les chartes du duc de Medina Sidonia et qu'elle lui parut ancienne: « La qual carta yo vi entre las escrituras del duque de Medina Sidonia y holgué de ver una antiguedad tan loable. » Admettons donc qu'en 1540 les archives des Guzman conservaient une lettre de Sanche adressée à Alonso Perez et datée d'Alcalá, le 2 janvier 1295, et dont le texte ne différait point de celui que nous livre Barrantes. Mais quelle authenticité possédait cette pièce d' « antiquité si louable », voilà la question qu'il s'agirait de tirer au clair, si possible. Faisons d'abord connaître la lettre telle que l'a transcrite le généalogiste :

Primo don Alfonso Perez de Guzman. Savido avemos lo que por nos servir avedes fecho en defender esa mi villa de Tarifa á los moros, aviendoos tenido çercado seis meses y puestoos en estrecho y afincamiento; principalmente supimos y en mucho tuvimos dar la vuestra sangre y ofreçer el vuestro primogenito fijo por el nuestro serviçio é el de Dios delante é por la vuestra onrra. En lo uno imitastes al padre Abrahan que por servir á Dios le dava el su fijo en sacrifiçio, y en lo al quisistes semejar á la buena sangre donde venides, por lo qual meresçeis ser llamado « el Bueno »; é yo ansi vos llamo, é vos ansi vos llamaredes dende aqui adelante, ca justo es que el que faze la bondad, que tenga nombre de Bueno é non finque sin galardon de su buen fecho; porque si á los que mal fazen les tollen su heredad y fazienda, á vos que tan grande enxemplo de lealtad aveis mostrado y aveis dado á los nuestros vasallos é á los de todo el mundo, razon es que con merçedes nuestras quede memoria de las buenas obras é fazañas vuestras. E venid vos luego á verme, ca si malo no estuviera y en tanto afincamiento de mi enfermedad, nada me tollera que vos non fuera yo á socorrer; mas vos faredes con nos lo que nos non podemos fazer convusco, que es venir vos luego á mi, porque quiero fazer en vos merçedes que sean semejantes á vuestros serviçios. A la vuestra buena muger nos encomendamos la mia é yo, é Dios sea convusco. De Alcalá de Henares á dos de enero era de 1333. El Rey[1].

L'ouvrage de Barrantes ne fut point publié du vivant de son auteur, il ne l'a été que de nos jours dans le *Memorial histórico* de l'Académie de l'Histoire, t. IX et X (Madrid, 1857); mais il ne demeura pas pour cela enfoui dans les archives des ducs : des copies

---

1. *Memorial histórico*, t. IX, p. 175. Il y a entre le texte qu'on vient de lire et les autres copies citées plus bas du même document quelques variantes peu importantes qu'il m'a paru inutile de relever.

en furent tirées¹ et utilisées par divers érudits. J'estime que tous ceux qui, au xviᵉ ou au xviiᵉ siècle, ont cité ou publié *in extenso* la lettre du roi Sanche — entre autres le cosmographe Pedro de Medina, auteur d'une *Crónica de los duques de Medina Sidonia*², quoiqu'il affecte d'ignorer son prédécesseur, — se sont servis du texte donné par l'histoire généalogique de Barrantes³. Les principaux historiens du xviᵉ siècle toutefois, tels que Zurita et Garibay, qui pouvaient connaître la lettre par Barrantes, n'en font pas mention; ils content l'épisode de Tarifa, mais passent la lettre sous silence. Avaient-ils déjà conçu des doutes sur son authenticité? C'est bien possible. Mariana, le premier parmi les auteurs d'histoires générales d'Espagne, en donne un résumé, qu'il accompagne de la remarque suivante : « Has litteras Assidoniae duces, fidei a maioribus cultae monimentum testimoniumque autographas monstrant, auro gemmisque nobiliorem thesaurum⁴; » phrase traduite à peu près textuellement dans son histoire en langue vulgaire : « Esta carta original conservan los duques de Medina Sidonia para memoria y en testimonio de la fé y lealtad de sus antepasados; tesoro de mas estima que el oro y las perlas de Levante⁵. » Nous n'en conclurons pas que Mariana vit lui-même la lettre, quelle qu'elle fût, dans les archives de la maison ducale; sa phrase peut lui avoir été suggérée par la simple lecture de Barrantes. Mais la citation de Mariana eut une grande importance; l'autorité dont jouit de bonne heure l'*Historia de España* propagea la connaissance de la lettre dans un plus grand public, elle lui servit de recommandation et de certificat d'authenticité. Grâce au savant jésuite, la pièce historique fait son entrée dans le monde. D'autres historiens du xviiᵉ siècle, notamment Pablo de Espinosa dans son *Historia de Sevilla* (Séville, 1630, 2ᵉ partie, liv. V, ch. 4), la reproduisent, et de nos jours, sinon tous les historiens d'Espagne, ceux du moins qui ont traité plus particulièrement de l'Andalousie ou de la vie d'Alonso Perez de Guzman, comme Lafuente Alcántara⁶

---

1. La Bibliothèque nationale de Paris possède des *Ilustraciones* de Barrantes une copie incomplète, exécutée en 1622, et qui ne va pas au-delà du chapitre VI du livre VIII (n° 197 du Fonds espagnol).
2. Publiée en 1861, dans le tome XXXIX de la *Coleccion de documentos inéditos para la historia de España*.
3. Argote de Molina, dans sa *Nobleza del Andalucia* (Séville, 1588), fol. 166ᵛ, se réclame de Barrantes. Quant au drame de Luis Velez de Guevara, *Mas pesa el Rey que la sangre*, consacré aux faits héroïques d'Alonso Perez, on y peut noter, à la fin, l'emploi de Barrantes ou de Medina. J'ignore d'où a été tirée la copie de la lettre qui se trouvait dans le tome XLV des Miscellanées de la bibliothèque Montealegre (*Museo ó biblioteca selecta de D. Pedro Nuñez de Guzman, marqués de Montealegre*; Madrid, 1677, fol. 197): elle portait l'annotation : « Sacada del original que la Casa de Sidonia tiene hasta aora guardado. »
4. *Historiae de rebus Hispaniae*, Tolède, 1592, liv. XIV, ch. 16.
5. *Historia de España*, liv. XIV, ch. 16.
6. *Historia de Granada*, Paris, 1852, t. I, p. 326.

et Quintana [1], n'hésitent pas à lui accorder leur confiance et à la publier tout au long, d'après Pedro de Medina [2].

Malgré cet accord assez imposant, je ne crois pas la lettre authentique ; je crois qu'elle a été fabriquée par quelque écrivain domestique des Medina Sidonia. En premier lieu, remarquons-le, personne, pas même Barrantes, ne décrit avec précision le prétendu original de la lettre. Or, une lettre d'un roi de Castille à un de ses sujets et de cette date devait offrir quelques caractères extrinsèques assez curieux et dignes d'attirer l'attention d'un historien. De plus, comment admettre qu'une pièce de cette importance, qui instituait pour ainsi dire un majorat d'honneur au profit d'une branche des Guzman, une pièce, comme dit Mariana, « plus précieuse que l'or et les perles de l'Orient », un vrai trésor de famille, eût disparu sans laisser de traces [3]? D'après une tradition accréditée dans la maison de Medina Sidonia, la lettre du roi Sanche aurait été, avec d'autres papiers, portée à Simancas au temps de la guerre de l'Indépendance [4]. Cependant, elle ne figure pas dans la liste des « notables documents » de ces archives, imprimée dans l'*Anuario del cuerpo de archiveros, bibliotecarios y anticuarios* (Madrid, 1882, p. 66), et, d'après une communication qui m'a été faite par D. Antonio Paz y Melia, les quatre liasses de pièces anciennes où la lettre *pourrait* se trouver ont été enlevées des archives de Simancas et portées ailleurs. Où gisent ces liasses maintenant et que contiennent-elles? Je l'ignore.

En attendant d'être éclairés à ce sujet, nous pouvons soumettre à un examen détaillé la lettre telle que nous la donne Barrantes; nous pouvons en étudier le fond et la forme, les faits qu'elle relate, ses formules et son style. Cet examen, ou je me trompe fort, nous révélera qu'elle ne saurait avoir été écrite à la date qu'on lui assigne et qu'elle présente tous les caractères d'une pièce apocryphe.

D'abord le contenu. On distingue dans la lettre trois parties :
1° Le roi exprime sa reconnaissance et son admiration pour l'action héroïque d'Alonso Perez qu'il compare au sacrifice d'Abraham;

---

1. *Vidas de Españoles célebres*, Madrid, 1827, t. I, p. 354.
2. Prudencio de Sandoval, dans sa *Decendencia de los Guzmanes*, accepte tout. « Engrandecio este hecho (la donation des madragues, dont il sera parlé tout à l'heure) el rey don Sancho... escriviendole sobre ello y llamandole Bueno..., como parece por la carta, cuyo renombre ha quedado en sus decendientes » (*Chronica de don Alonso VII*, Madrid, 1600, p. 343). Toutefois, il n'est question ici que d'une tradition (*renombre*).
3. Le titre de duc de Medina Sidonia appartient maintenant à une branche cadette de la maison de Toledo. Le dernier Guzman *el Bueno* est mort en 1779 : c'était un lettré, protecteur des PP. Sarmiento et Florez et ami de Beaumarchais.
4. Je tiens le renseignement de M⁽ᵐᵉ⁾ la duchesse de Medina Sidonia, qui, à la demande de M⁽ᵐᵉ⁾ la duchesse d'Albe, a bien voulu m'envoyer aussi un texte imprimé au siècle dernier de la lettre du roi Sanche qui contient quelques indications bibliographiques fort utiles.

2° il décerne à Guzman le surnom de *Bueno;* 3° il l'invite à venir auprès de lui. L'origine de ces déclarations ou avis du roi à son vassal se découvre aisément. J'ai dit plus haut que des documents diplomatiques contemporains font allusion à la conduite de Guzman à Tarifa et confirment le récit de la chronique. Le premier et le plus important de ces documents est celui qu'on nomme le « privilège des madragues », donation faite par Sanche IV, le 4 avril 1295, à Alonso Perez d'un fief considérable situé entre le Puerto de Santa Maria, le Guadalquivir et la mer, avec toutes les pêcheries de thon existantes et celles qu'il lui conviendrait d'établir entre l'embouchure du Guadiana et la côte du royaume de Grenade. Ce privilège, fondement de la puissance territoriale des Medina Sidonia, doit avoir été imprimé quelque part, ne fût-ce que dans les preuves de mémoriaux ou de procès, mais je n'ai pas réussi à en voir un texte complet ni authentique. Je ne puis en parler que d'après des extraits produits par Barrantes et Medina et d'après une autre donation de Ferdinand IV, au même Guzman, de la ville de San Lucar de Barrameda, qui, à ce qu'il me semble, vise le premier privilège et en répète quelques clauses. Barrantes reproduit textuellement, dit-il *(entre otras cosas dize el privilegio estas palabras),* les phrases suivantes du privilège de 1295 :

« Que vos doy y hago merçed de las almadravas que agora son o seran de aqui adelante, desde donde el rio de Guadiana entra en la mar fasta toda la costa del reino de Granada. E ansimismo que si se ganaren algunos logares en que almadravas pueda aver, que las non pueda armar ni aver otra persona alguna, salvo vos el dicho Don Alfonso Perez de Guzman el Bueno é los que de vos vinieren é suçedieren en vuestra casa é mayorazgo, quier esten en logares de señorios, quier en realengos. Toda la dicha merçed fago en vos, Don Alfonso Perez de Guzman el Bueno, y en vuestros suçesores é venientes de vos para siempre jamas, por los buenos é leales serviçios que vos me fezistes en onrra é adelantamiento de la corona real de mis reinos é ensalçamiento de la nuestra santa fe catolica, especialmente, despues de muchos grandes é leales fechos de cavalleria, por la muerte de vuestro hijo, en cuya muerte quesistes semejar al patriarca Abrahan, dando vos el cuchillo con que los moros degollasen á vuestro hijo, por guardar lealtad, fidelidad de vuestro juramento é pleito omenage que me teniades fecho por la villa de Tarifa [1]. »

La donation de Ferdinand IV, datée de Toro le 13 octobre 1297, dit ceci :

« Sepan por este nuestro privilegio todos los que agora son é seran daqui adelante como nos don Fernando... por grand voluntad que habemos de facer mucho bien é mucha merced á don Alfonso Perez de Guzman, nuestro

---

1. *Memorial histórico,* t. IX, p. 178. Les derniers mots de ce passage, à partir de « por la muerte », sont cités par Salazar de Mendoza, *Origen de las dignidades seglares de Castilla y Leon,* Madrid, 1618, fol. 80.

vasallo é nuestro alcayt en Tarifa; é por muchos buenos servicios que fizo al rey don Sancho nuestro padre (que Dios perdone) sennaladamente en la conquista que el fizo de Tarifa é otros i en guardar é amparar la villa de Tarifa, seyendo el hi quando la cercaron el infante don Johan, con todo el poderio de los moros del rey Abenjacob, en que mataron un fijo que este don Alfonso Perez habia, que moros traian consigo, porque les non quiso dar la villa, é el mismo lanzo un su cuchillo á los moros con que matasen el su fijo, porque fuesen ciertos que non daria la villa, que ante non tomase hi muerte, é los moros veyendo esto, mataronle el fijo con el su cuchillo. Et porque nos sopiemos por cierto que por estos servicios que el fizo al rey nuestro padre, le habia el prometido de l[e] dar la villa de Sant Lucar de Barrameda, con el castillo é con todas las rentas por heredat, e habia enviado por el pora gela dar é pora le facer otros bienes é otras mercedes muchas, et por complir lo que el rey nuestro padre le prometió é por le dar gualardon por ello... damosle Sant Lucar de Barrameda[1]. »

On le voit, ces deux instruments diplomatiques fournissent tout l'essentiel de la lettre : l'incident du poignard lancé par-dessus les murs (aussi raconté par la chronique[2]); le sacrifice d'Abraham et le surnom de *Bueno*. De l'invitation adressée à Guzman de venir rejoindre le roi malade à Alcalá, nous ne savons pas ce qui a pu en être dit dans le privilège de 1295; mais la phrase du privilège de 1297 nous suffit : « É habia enviado por el pora gela dar é pora le facer otros bienes. » Donc, à l'aide de la chronique d'une part et des privilèges de l'autre, un esprit un peu délié pouvait facilement composer la lettre. Mais il reste encore à signaler une autre source où il ne serait pas invraisemblable de supposer que notre épistolographe eût puisé; j'entends parler d'une chronique ou biographie d'Alonso Perez de Guzman, qui, suivant Barrantes, se trouvait au xvi° siècle dans le monastère de San Isidoro de Séville[3] et à laquelle Pedro de Medina attribue une grande importance, disant qu'elle lui paraît remonter à l'époque même du héros[4]. Je ne pense pas que cette chronique remonte si haut; j'imagine que ce doit être tout au plus un ouvrage du xv° siècle, car il est rempli de légendes qu'ont accueillies plus tard tous les historiens de la maison de Medina Sidonia. Évidemment, Barrantes et Medina

---

1. *Memorias de D. Fernando IV de Castilla*, t. II. *Coleccion diplomática* (Madrid, 1860), n° CII, d'après une copie de 1739, faite sur l'original et authentiquée par un Pedro Muñoz, greffier royal.
2. C'est la chronique aussi qui a fourni la date de la lettre : Alcalá de Henares, 5 janvier de l'ère 1333 (= 1295). En effet, le chap. XI de la chronique de Sancho IV commence ainsi : « En el mes de henero en la era de mill y trezientos y treinta y tres años, seyendo el rey don Sancho en Alcalá de Henares... »
3. *Memorial histórico*, t. IX, p. 43. Ce monastère fut fondé précisément par Alonso Perez en 1301 (Arana de Varflora, *Compendio histórico y descriptivo de la ciudad de Sevilla*, Séville, 1789, t. I, p. 43, et Pedro de Medina, *Coleccion de doc. inéditos*, t. XXXIX, p. 116).
4. *Coleccion de doc. inéditos*, t. XXXIX, p. 21 : « Un libro que trata de los hechos del dicho D. Alonso Perez de Guzman el Bueno, el cual se debió escrebir en su tiempo, que es de mucha autoridad. »

en ont largement profité; ainsi, tout ce qui se lit chez le premier de la réception faite à Alcalá de Henares à Alonso Perez et bien d'autres détails concernant notre personnage portent la marque d'avoir été copiés dans cette biographie très fantaisiste. Si elle a servi aux uns, elle a pu servir à d'autres et inspirer l'auteur de la lettre de Sanche.

Après le fond, la forme. Il convient de rechercher si le style diplomatique de cette lettre est conforme à celui de l'époque où on la place. Notre document a la forme d'une lettre missive, il porte une adresse : « A notre cousin Don Alonso Perez de Guzman, » et se termine par la signature : « Le Roi. » Ce que nous savons du style des lettres missives des rois castillans du XIIIe siècle se réduit à rien, par la raison que nous n'en possédons aucune, car on ne saurait invoquer celle du roi Alphonse X au même Alonso Perez, manifestement fausse et que je soupçonne d'être sortie du même atelier que la nôtre[1]. L'adresse que nous avons ici est l'adresse des lettres missives royales dès la fin du XVe ou le commencement du XVIe siècle, et surtout après la hiérarchisation de la noblesse castillane et l'établissement des privilèges de la grandesse. *Duque primo*, c'est ainsi qu'un Charles-Quint ou un Philippe II aurait écrit à un duc de Medina Sidonia, et c'est ce style que l'auteur de la lettre a maladroitement imité. Jamais le titre de cousin, pas plus que celui d'oncle ou de neveu, n'a été donné, jusque vers la fin du XVe siècle, par les rois de Castille, à d'autres qu'à des membres, à un degré quelconque, de la famille royale. Luis de Salazar a disserté à ce sujet avec son érudition accoutumée et montré que le premier titre de parenté purement honorifique octroyé à un *riche-homme* de Castille date de l'an 1475 : en cette année, les Rois Catholiques qualifient d'oncles le duc de l'Infantado et son frère le cardinal de Mendoza. Notons en passant que Salazar, qui connaissait à n'en pas douter les histoires généalogiques de Barrantes et de Medina, où figurent deux exemples[3] contraires à sa thèse, n'en tient aucun compte, il ne prend pas la peine de discuter les prétendues lettres d'Alphonse X et de Sanche : preuve qu'il ne les tenait pas pour authentiques[4]. De la signature, rien à dire. Les signatures royales apparaissent de bonne heure en Castille; nous en trouvons dès le

---

1. Cette lettre a été imprimée dans le livre de Barrantes (*Memorial histórico*, t. IX, p. 76). Il ajoute encore ici qu'il l'a « vue parmi les chartes du duc de Medina ».
2. *Casa de Lara*, t. I, p. 537; t. II, p. 44 et 141.
3. La lettre d'Alphonse X commence aussi : « Primo Don Alfonso Perez de Guzman. »
4. Garibay, dans son *Compendio historial*, n'en fait non plus aucune mention, et cependant il eut l'occasion de visiter, en 1572, à San Lucar de Barrameda, les archives des Medina Sidonia, où on lui montra « algunos papeles antiguos » (*Memorial histórico*, t. VII, p. 338). En revanche, José Pellicer se prévaut de ces exemples pour établir que le titre de « cousin » est plus ancien que celui de duc, comte ou marquis héréditaire (*Justificacion de la grandeza de D. Fernando de Zuñiga, noveno conde de Miranda*, Madrid, 1668, § 3, n° 3); mais l'on sait ce qu'il faut penser de la critique de ce trop ingénieux généalogiste.

xiv⁰ siècle, même dans les privilèges solennels, et l'on ne saurait déclarer, *a priori*, que le style des lettres missives du xiii⁰ siècle, que l'on ignore, n'en comportât point. La signature *El Rey* ne serait donc pas un indice de fausseté.

Mais outre la formule de l'adresse, à elle seule un gros anachronisme, outre cette lourde faute de style diplomatique, il y a dans la lettre de Sanche des étrangetés de style épistolaire de nature à la rendre suspecte. Cette façon, par exemple, de conférer à Guzman le titre de *Preux*. « Aussi méritez-vous d'être appelé le *Preux*, et c'est ainsi que je vous nomme et c'est ainsi que vous vous nommerez dorénavant, car il est juste que celui qui accomplit la prouesse *(que faze la bondad)* porte le nom de Preux [1] et ne reste pas sans récompense pour sa bonne action; » puis cette salutation finale, presque comique : « A votre bonne femme, nous nous recommandons la mienne et moi. » Un tel ton de familiarité ne sent pas beaucoup son xiii⁰ siècle. « Bien des choses à votre femme ! » On ne se serait pas attendu à cette gentillesse là de la part du roi Sanche, surnommé, lui, le *Féroce*. La langue même n'offre rien d'insolite, sinon quelques formes verbales beaucoup trop modernes *(meresçeis, aveis)*, mais qui pourraient avoir été modernisées avec d'autres mots *(supimos, tuvimos)* par Barrantes. Tout compte fait, la langue peut passer, ce qui d'ailleurs ne prouve pas grand'-chose, rien n'étant plus facile à un Espagnol médiocrement lettré que de pasticher le castillan du xiii⁰ siècle.

Et maintenant quels motifs supposer à cette supercherie ? Il en est un en tout cas qui apparaît assez clairement : celui d'assurer à la grande maison ducale une sorte de prééminence sur toutes les autres par le royal cousinage de l'adresse. Sans doute, les gens experts ne s'y tromperaient guère, — l'exemple de Salazar le montre, — ils sauraient pour la plupart à quoi s'en tenir; mais le gros du public, ignorant du protocole ancien, accepterait tout de confiance : l'action de Tarifa, chantée dans les romances, ne suffisait-elle pas à tout justifier? le cas si glorieux et si exceptionnel ne méritait-il pas aussi une récompense glorieuse et exceptionnelle ? Voilà ce que dut se dire le pasticheur, préoccupé de la renommée de ces Guzman et convaincu qu'avec le temps personne ne leur contesterait ces avantages appréciables qu'il pensait ainsi leur procurer. Puis, au désir naturel de rehausser une famille, par intérêt ou par reconnaissance, a pu se joindre aussi un autre sentiment : l'amour de l'art, la joie de mystifier son prochain, de se moquer un peu de lui et de réussir un morceau qui, à défaut d'autres mérites, demandait un certain tour de main

En y réfléchissant, je me demande si la lettre de Sanche et celle

---

[1]. Mariana (*Historia de España*, liv. XIV, ch. 15 et 16) prétend qu'Alonso Perez s'était déjà acquis, grâce à ses larges aumônes, le surnom de *Bueno*, et que le roi Sanche ne fit que le lui confirmer.

d'Alphonse X, qui semblent marcher de pair, ne procéderaient pas tout simplement de la chronique d'Alonso Perez, conservée dans le monastère de San Isidoro, et qu'a dû compiler quelque moine de la fondation du grand guerrier[1]. Ces deux morceaux en auraient été extraits, recopiés à part et des exemplaires de ces copies, auxquels quelqu'un de la maison des ducs peut-être aurait donné tant bien que mal l'apparence de lettres originales, seraient ceux que Barrantes déclare avoir vus dans les archives des Guzman; car, jusqu'à preuve du contraire, il n'y a pas lieu de douter de la parole du généalogiste. Pour arriver, il est vrai, à une certitude complète sur l'origine de la lettre de Sanche, — je laisse celle d'Alphonse de côté, — il conviendrait de diriger l'enquête sur trois points; il faudrait rechercher et examiner :

1° La pièce qui, d'après la tradition rapportée ci-dessus, se trouve peut-être dans les liasses jadis déposées à Simancas;

2° L'original, s'il existe, ou une copie authentique, du privilège des madragues[2];

3° La chronique ou biographie d'Alonso Perez, si quelque exemplaire en subsiste.

On souhaiterait qu'un érudit espagnol qualifié se donnât la tâche d'instruire ce petit procès à l'aide des documents qui nous manquent encore.

De toutes façons, et je n'ai pas entendu montrer autre chose, la lettre de Sanche est apocryphe. Je ne prononcerai pas le mot de falsification, un peu gros; je me contenterai de dire : mystification ou supercherie assez innocente d'un champion très convaincu de la maison de Medina Sidonia et en particulier de son fondateur. Une fois reconnus et dénoncés, ces méfaits-là se pardonnent; mais il serait à propos, cependant, que les historiens sérieux renonçassent à citer cette lettre et à la produire à l'appui de leurs récits comme un document authentique. Le glorieux passé des Medina Sidonia n'a rien à craindre de la critique; l'histoire véridique lui suffit : à quoi bon la charger d'ornements suspects?

Alfred MOREL-FATIO.

---

1. Il est à remarquer qu'un prieur de ce monastère, au xviii° siècle, Fr. Fernando de Zevallos, auquel nous devons aussi une copie de la lettre de Sanche qu'il a insérée dans son ouvrage sur Italica, affirme qu'il l'a transcrite « como la hallamos en escritos antiguos del archivo de San Isidro del Campo » (*La Italica*, Séville, 1886, p. 249). Mais qu'entend-il par « escritos »? Serait-ce la Vie d'Alonso Perez?

2. Certaines expressions du passage cité par Barrantes m'inspirent des inquiétudes.

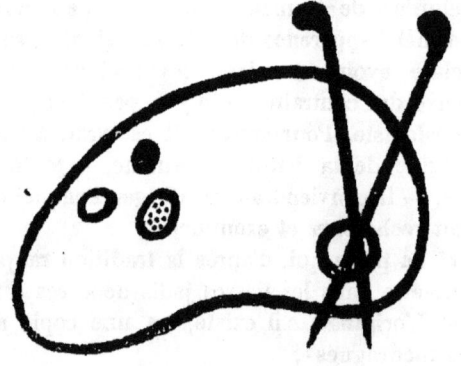

Original en couleur
NF Z 43-120-8

ANCIENNE LIBRAIRIE THORIN ET FILS

Albert FONTEMOING, Éditeur

LIBRAIRE DES ÉCOLES FRANÇAISES D'ATHÈNES ET DE ROME, DU COLLÈGE DE FRANCE
DE L'ÉCOLE NORMALE SUPÉRIEURE ET DE LA SOCIÉTÉ DES ÉTUDES HISTORIQUES

Rue Le Goff, 4, à PARIS

PUBLICATIONS PÉRIODIQUES

Bulletin critique, publié par MM. L. Duchesne, H. Thédenat, membres de l'Institut; F. Beurlier, Lescœur, A. Baudrillart, Dufourcq. Revue paraissant les 5, 15 et 25 de chaque mois. XXI° année. — Abonnements : un an : France, 10 francs; Colonies et Union postale, 12 francs; le numéro, o fr. 50.

Revue générale du Droit, de la Législation et de la Jurisprudence en France et à l'Étranger, dirigée par un groupe d'éminents professeurs français et étrangers. Paraissant tous les deux mois, par livraisons de 5 à 7 feuilles grand in-8° cavalier, format de nos grandes revues littéraires, forme à la fin de l'année un beau volume de 600 à 650 pages, sur beau papier, en caractères neufs. XXVI° année. — Abonnements : un an : France, 16 francs; Colonies et Union postale, 18 fr.; le numéro, 3 fr. 55.

Bulletin de Correspondance hellénique, publié par l'École française d'Athènes. 12 fascicules par an, avec planches. XXIV° année, 1900. Abonnements : un an : France, 20 francs; Colonies et Union postale, 22 francs.

Mélanges d'archéologie et d'histoire, publiés par l'École française de Rome. 5 fascicules par an, avec planches. XX° année. — Abonnements : un an : France, 20 fr.; Colonies et Union postale, 20 francs.

Correspondance historique et archéologique, organe d'informations mutuelles entre historiens et archéologues. Paraissant le 25 de chaque mois. MM. Fernand Bournon et F. Mazerolle, directeurs. VII° année. Abonnements : un an : France, 10 francs; Colonies et Union postale, 12 fr.; le numéro, 1 fr. 50.

Revue des Études historiques, publiée par la Société des Études historiques. Paraissant tous les deux mois par fascicules de 80 pages. — Abonnements : un an : France, 12 fr.; Colonies et Union postale, 13 francs; le numéro, 2 fr. 50.

A. ROGER Y F. CHERNOVIZ, Editores

7, rue des Grands-Augustins, PARIS

Arosemena (Justo). *Estudios constitucionales sobre los gobiernos de la América Latina.* Nueva edición. Con suplemento hasta 1888. 2 tomos en 8°, pasta............ 20 »

Bravo (Don Luis). *América y España en la Exposición Universal de París de 1889.* 1 tomo en 4°. Pasta..

Calvo (Carlos), ministro plenipotenciario. *Colección histórica completa de los Anales y tratados de la América latina*, desde el año 1493 hasta nuestros días. 16 tomos en 8°, 1/2 pasta, precio excepcional... 105 »

Cuervo (Rufino J.). Miembro correspondiente de la Real Academia española. *Diccionario de construcción y régimen de la lengua castellana.* Constará de varios tomos en 4°. Los tomos 1° y 2° están de venta. Tomo primero, pasta........ 25 »
Tomo segundo, pasta.. 30 »

— *Gramática de la lengua castellana*, por D. A. Bello, con extensas notas y un índice alfabético por D. R. J. Cuervo. 1 tomo en 8° papel fino, pasta inglesa...... 6 90

Mapa de la República de Colombia por Robelin, geógrafo. Con un plano de Bogotá y sus cercanías (nueva edición 1898) en pliegos............... 3 »
Pegado en tela con cornisa y rodillo................................. 6 »

Seminario (Miguel E.). *La cuestión monetaria en la América española.* 1 tomo en 8°, rústica.. 5 »

Ejemplar único de la Colección de *El Correo de Ultramar*, periódico universal literario ilustrado. 54 tomos pasta de tela dorada en 4° mayor precio............ 2,000 fr.
Esta curiosísima colección es una verdadera historia contemporánea ilustrada. La relación de los hechos más importantes de la mitad del presente siglo, está escrita por nuestros mejores literatos va apoyada con numerosas láminas dibujadas por los primeros artistas de Europa.

www.ingramcontent.com/pod-product-compliance
Lightning Source LLC
Chambersburg PA
CBHW061608040426
42450CB00010B/2381